Aguas profundas:

¡Levanta tu mirada!

Devocional de 30 días

Kim M. Clark

Aguas profundas: Levanta tu mirada -Devocional de 30 días-
Derechos de Autor © 2020 Kim M. Clark

Publicado por Deep Waters Books, P.O. Box 692301, Orlando, FL 32869 www.deepwatersbooks.com

Todos los derechos reservados. Ninguna parte de este libro puede ser reproducida, almacenada en un sistema de recuperación, o transmitida en cualquier forma por cualquier medio electrónico, mecánico, fotocopia, grabación, o cualquier otro — a excepción de una breve cita en las reseñas impresas— sin permiso de la autora.

Diseño de portada: Pamela Lentz
Arte de portada: a&b foto / video, photodune, envatomarket

Primera Impresión 2022
Impreso en los Estados Unidos de América

Traducido del inglés al español por: Juan Pablo Benítez de A & P International, Inc. //anpintl.com

Las citas de las Escrituras marcadas como NVI están tomadas de la Santa Biblia, Nueva Versión Internacional®, NVI®. Copyright © 1973, 1978, 1984, 2011 por Biblica, Inc.™ Utilizado con permiso de Zondervan. Todos los derechos reservados en todo el mundo. www.zondervan.com. La "NVI" y la "Nueva Versión Internacional" son marcas registradas en la Patente y Marca Registrada de los Estados Unidos.

Todos los énfasis en las citas de las Escrituras han sido añadidos por la autora.
Identificadores: ISBN: 978-1-956520-01-9 (Tapa dura) | 978-1-956520-00-2 (pbk.) | LCCN 2021923268

Publisher's Cataloging-in-Publication data

Names: Clark, Kim M., author.
Title: Aguas profundas : levanta tu mirada - devocional de 30 días / Kim M. Clark.
Description: Orlando, FL: Deep Waters Books, 2022
Identifiers: LCCN 2021923268 | ISBN 978-1-956520-01-9 (hardcover) | 978-1-956520-00-2 (pbk.)
Subjects: LCSH Christian women--Prayers and devotions. | Christian life. | Bible--Study and teaching. | Faith. | Suffering--Religious aspects--Christianity. | Bereavement--Religious aspects--Christianity. | Grief--Religious aspects--Christianity. | Consolation. | Devotional calendars. | Meditations. | BISAC RELIGION / Devotional | RELIGION / Christian Life / Personal Growth | RELIGION / Christian Life / Death, Grief, Bereavement | RELIGION / Christian Life / Women's Issues
Classification: LCC BV4844 .C544018 2022 | DDC 242/.643--dc23

"Nadie es inmune a las pruebas, al sufrimiento ni a la tentación. Cuando la vida nos pone a prueba y nos desafía, la mayoría de nosotros tendemos a buscar en las direcciones equivocadas: alrededor, detrás o dentro de sí mismos. A veces nos enterramos en pequeños pozos de autocompasión, una situación o actitud que simplemente empeora nuestro sufrimiento o nuestra prueba. En *Aguas profundas: Levanta tu mirada -Devocional de 30 días-*, Kim M. Clark ha hecho un excelente trabajo al exhortar a los lectores a buscar a Dios en todas y cada una de las situaciones de sus vidas. Creo firmemente que este es un maravilloso antídoto bíblico contra cualquier forma de desaliento. Gracias, Kim, por este devocional bíblico y práctico.

~ *Zicky Chanda*
Directora del Lighthouse Christian School,
Zambia, África

"Me encanta este devocional, es simple y fácil de leer. Kim M. Clark comparte abiertamente su recorrido con el Señor e ilustra claramente cómo Él quiere ser parte de nuestra vida cotidiana. ¡Una gran motivación para mantener mi mirada en Él!".

~ Pastora Karen Hanson
New Hope Church, Palm Harbor, Florida

"Este condecorado devocional de Kim M. Clark es una lectura esperanzadora. Nos ayuda a superar cada día. ¡Alabo a nuestro gran Dios por la transparencia de Kim y por la forma en que ha cambiado su vida y puede cambiar también las nuestras!".

~ Ruth Strait
Ministra de oración, miembro de la junta directiva, directora de Equip Care Ministries, Equip Academy/ Chesapeake Bible College & Seminary

"*Levanta tu mirada*, el devocional de 30 días de Kim M. Clark, está claramente escrito desde el corazón y para los corazones de aquellos que necesitan un ancla de esperanza en el Padre".

~ Teniente comandante Darrel Rewis
Capellán de la Marina de los EE. UU., director de Resiliencia Espiritual de Warfighter Advance Group Life, pastor de First Baptist Orlando

Dedico amorosamente este libro a mi esposo y
mejor amigo, quien es fiel, incluso a través de
nuestras aguas más profundas, y repetidamente
me anima a levantar la mirada
a mi Señor y Salvador
Jesucristo.

Contenido

El primer sorbo. 1

1 ¡Levanta tu mirada! 3
2 Entender y conocer a Quién le estás orando 5
3 No soy impaciente. 7
4 Confía en mí 9
5 Lo especial requiere más tiempo 12
6 ¿Anularías mi juicio? 14
7 Espera hasta que esté terminado 17
8 Veo lo que se avecina 19
9 Necesitas esperar con fe 22
10 No deseo fervor sin piedad 24
11 No hay progreso sin dolor 26
12 Te estoy preparando para algo más grande. 29
13 Una mirada nueva 32
14 Belleza a partir de la aridez 34
15 Puedo incluso revivir a los muertos. 36
16 ¿Acaso no soy soberano? 38
17 La simplicidad de una fe infantil 40
18 Te cubro con las alas de mis ángeles 43
19 Tu enemigo está condenado a comer polvo 45
20 La victoria ya es mía 47
21 Estás cubierto por mi sangre. 49

22 A veces derribo y empiezo de nuevo 52
23 El poder que te sostiene 55
24 A mis amados les doy descanso 58
25 La incredulidad de que Dios es bueno...........60
26 Para que las serpientes puedan pasar............63
27 Mucho más de mí 66
28 Brillantez a partir del quebrantamiento 68
29 Tras el velo de lo Divino......................70
30 La espada de la ira...........................73

El último sorbo................................. 76
Reconocimientos 79
Sobre la autora 81
Notas al devocional 84

El primer sorbo

¿Estás cansado, enojado, deprimido? Lo entiendo. Pensando en ti creé este devocional de 30 días como suplemento de mi libro inspiracional *Aguas profundas: Levanta tu mirada*. Tú o tus seres queridos pueden utilizar este devocional como una fuente independiente de esperanza, gracia y sanación.

Le pido al Señor que estos devocionales te bendigan como un diluvio de aguas vivas de Dios, y que te den la energía y la fuerza para superar *este* momento de tu prueba.

Mientras atraviesas tu tormenta de fuego, creo que el Señor te dirá lo mismo que me dijo a mí: "Fija tu mirada en mí".

Al mirar a Jesús a sus ojos brillantes -o, más bien, a sus pozos de vida- absorbí la profundidad del amor insondable que siente por mí (y sí, también por ti). Después de agarrar el mango desgastado, pero flexible, de la Espada del Espíritu, la ceniza espiritual caliente que emanaba de mi sufrimiento dejó de quemarme el cuerpo, el olor del horno se esfumó y

Aguas profundas: *¡Levanta tu mirada!*

mi pelo se desenredó, mientras una sensación de paz que trascendía todo entendimiento me bañó como una cascada.

Su voz atravesó mi corazón: "Levanta tu mirada mientras atraviesas estas aguas profundas, mi amada. Yo tengo el control y te sostengo. Nunca te dejaré ni te abandonaré".

> Ruego que las palabras de este libro sean un bálsamo sanador para las áreas secas de tu corazón, y para que se llene y se desborde de amor, misericordia y gracia. Suplico a Dios que la inclinación de cuarenta y cinco grados en tu visión no requiera esfuerzo, mientras levantas tu mirada desde las aguas profundas de tu aflicción hacia tu Dios increíble, omnisciente y todopoderoso.
>
> Te lo pido, en el precioso nombre de Jesús.
> Amén.

DÍA 1

¡Levanta tu mirada!

Sabes cuándo me siento y cuándo me levanto; aun a la distancia me lees el pensamiento.

(Salmos 139:2)

"LEVANTA TU MIRADA". Las palabras del Señor penetraron en mi corazón. A pesar de encontrarme en una playa de arena blanca bañada por el sol, anhelaba sentir de nuevo paz, calma y gracia en medio de mi tormenta espiritual. Mientras miraba hacia el interminable mar azul, reflexioné sobre lo bello que sería volver a ver delfines jugando en el oleaje.

Oré en silencio: "Dios, ¿sería demasiado presuntuoso pedirte que trajeras delfines, como lo hiciste la última vez? Realmente me sentaría muy bien recordar la alegría que en mí origina tu creación".

Tan pronto terminé de orar, un grupo de delfines estaban chillando y saltando de alegría en las olas. En la playa, la gente a mi alrededor me miraba curiosa al ver cómo me reía a carcajadas viendo a estas criaturas llenas de júbilo deleitarse en las aguas del océano que Dios sostiene en la palma de su mano.

"Lo hiciste de nuevo, Señor", murmuré, mientras miraba hacia arriba, llena de asombro ante la extensión ilimitada del cielo. *"Gracias"*.

> Querido Señor, bendice a los que están leyendo esto ahora, especialmente a aquellos que necesitamos levantar nuestra mirada hacia ti. Ayúdanos a encontrar consuelo en tu omnisciencia; tú conoces nuestros pensamientos, incluso antes de que los formemos. Dirige nuestra atención a la belleza de tu creación. Llénanos de tu Espíritu. Respira sobre nosotros. Danos tu alegría en medio de nuestro sufrimiento.
>
> Te lo pido, en el precioso nombre de Jesús. Amén.

DÍA 2

Entender y conocer a Quién le estás orando

Ahora bien, la fe la garantía de lo que se espera, la certeza de lo que no se ve.

(Hebreos 11:1)

¿C ONOCEMOS *REALMENTE* A nuestro Dios? La Biblia nos dice que Él es nuestro Padre, Proveedor, Sanador, Consolador, Rey, Juez, Redentor y mucho más. Pero cuando la desesperación nos golpea en forma de problemas de salud, muerte, divorcio o crisis financieras, los cimientos de nuestra fe tambalean.

Luego de orar en medio de mi escaza fe en tiempos de sufrimiento, el Señor me habló al corazón: "Lo importante no es el tamaño de tu fe, lo importante es entender y conocer a *Quién* le estás orando".

Aguas profundas: *¡Levanta tu mirada!*

Entonces, tuve una visión de un camino nublado. Solo podía ver el escalón que estaba justo en frente de mí. La niebla alimentaba aún más mi ansiedad. El camino no se vislumbraba, así que di un paso de fe con firmeza y me paré en la siguiente piedra. Pero no sentí paz, hasta que levanté la mirada hacia donde venía mi ayuda; hacia mi Dios. Porque en todo lo que me enfocaba se volvía más grande. Si me enfocaba en mi sufrimiento, entonces eclipsaba a mi Dios. Si mis ojos estaban puestos en mi Dios, entonces Él se volvía más grande que mi sufrimiento. Mirando hacia arriba, suspiré aliviada y oré por la gracia de mantener mi mirada puesta en Aquel que soluciona mis problemas, no en mis problemas.

Querido Dios, danos suficiente fe para enfocarnos siempre en ti, en la seguridad de las cosas que se esperan y en tus promesas que aún no son visibles. No nos dejes preocuparnos tanto por nuestro sufrimiento que te perdamos de vista a ti, el autor y perfeccionador de nuestra fe. Recuérdanos diariamente que NADA ES IMPOSIBLE para ti, nuestro DIOS inmenso y asombroso.

Te lo pido, en el precioso nombre de Jesús.
Amén.

DÍA 3

No SOY impaciente

"Porque mis pensamientos no son los de ustedes, ni sus caminos son los míos", afirma el Señor. "Mis caminos y mis pensamientos son más altos que los de ustedes; ¡más altos que los cielos sobre la tierra!".

(Isaías 55: 8-9)

OBEDIENTE, Y CON el corazón lleno de tristeza, levanté los brazos para adorar a mi Dios soberano y amoroso. Desanimada, oré por alguien que se encontraba atrapado en el encanto y la búsqueda del pecado. El Señor me habló al corazón, firme pero suavemente: "NO SOY impaciente con esta época de decadencia en su fe, ni tú deberías serlo".

Mientras me brotaban algunas lágrimas, levanté las manos más alto, alabando verdaderamente al único Dios cuya sabiduría es muy superior a la mía. La paz me envolvió como una cálida manta en un día helado. Mi situación no cambió, pero mi espíritu se elevó y se llenó de confianza y fe en mi Dios, que hace todo por nuestro bien, a pesar de las circunstancias externas.

> Querido Dios, bendice a aquellos que estamos teniendo dificultades con tus caminos, a pesar de que son más altos que los nuestros. Llénanos con el sentido sobrenatural de tu paz que trasciende todo entendimiento. Permítenos ver a otros, que puedan estar tambaleándose, tal como tú los ves: no con ira, sino con paciencia, misericordia y gracia. Derrama tu alegría en nosotros mientras orquestas amorosamente todos los eventos para tu gloria. Confírmanos en lo natural que no tienes problemas de audición, sino que estás usando cualquier retraso en responder a nuestras oraciones para bien y gloria tuya.
>
> Te lo pido, en el precioso nombre de Jesús.
> Amén.

DÍA 4

Confía en mí

Confía en el Señor de todo corazón, y no en tu propia inteligencia. Reconócelo en todos tus caminos, y Él allanará tus sendas.
(Proverbios 3:5-6)

EL INTERROGATORIO COMENZÓ tan pronto Will y Zicky, misioneros de Zambia, se subieron a mi auto. "¿Vamos a Epcot? ¿Recibiste los *FastPasses*? ¿Vamos a montar en *Soarin'* otra vez?".

Con una sonrisa estoica, respondí: "No. Encontré algo mejor".

Con los ojos bien abiertos, se burlaron: "¿Mejor que *Soarin'*?, no puede ser".

"¡Absolutamente!", les dije. Y, con un tono de burla, agregué: "¡Y se arrepentirán después de montar en esta atracción".

Ambos gruñeron con incredulidad, cruzados de brazos y negando con sus cabezas.

Cada vez que venían de visita me encantaba darles un respiro para que se divirtieran y se alejaran un poco de sus ajetreados horarios. Will era pastor principal de una iglesia grande, director de una universidad de pastores y, además, ayudaba a establecer iglesias en las zonas rurales de África. Por su parte, Zicky ejercía como directora de una importante escuela primaria para cientos de huérfanos hambrientos que solo contaban con una comida al día: la que recibían en la escuela.

Mientras nos abrimos paso a través del mar de gente en Animal Kingdom, ambos se deleitaron con mi emocionante itinerario. Se sorprendieron por la falta de cercas alrededor de los animales salvajes en el safari, gritaron de alegría en la atracción de los dinosaurios y montaron en una montaña rusa al revés por primera vez.

Después de todas estas actividades, Will declaró: "¡Tenías razón al decir que me arrepentiría!".

Sonriendo, negué con la cabeza, y les dije: "No, todavía no. Aún hay algo más". Mientras pasábamos por alto la línea de espera de tres horas y caminábamos hasta la entrada de la atracción más popular del mundo, sonreí maliciosamente. La encargada me miró y me preguntó: "¿Es la primera vez?". Asentí con la cabeza. Ella sonrió disimuladamente y les dijo: "¡No lo van a creer!".

Ambos quedaron asombrados cuando se pusieron el casco de realidad virtual, mientras los asientos en forma de motocicleta se ajustaban a la parte inferior de sus cuerpos. Durante la experiencia inmersiva multisensorial de seis minutos, me reí de sus gritos de emoción. El viento, el rocío y los olores simulaban un vuelo a través de exuberantes cadenas montañosas, cascadas brumosas y cuevas relucientes llenas de estalactitas de cristal, encima de un dragón volador gigante, hermoso y a la vez elegante.

Al finalizar, y hablando fuerte, como si estuviera predicando, Will declaró las siguientes palabras ante todos los que lo podían oír: "¡TENIAS RAZON DE QUE ME ARREPENTIRÍA!". Zicky corrió a besarme. Al salir de la atracción, la emoción les brotaba como burbujas en un géiser. No podían dejar de reír, de darme las gracias y de abrazarme.

¿No nos ocurre lo mismo a nosotros? ¿No dudamos de Dios cuando está trabajando activamente en nuestras vidas? La respuesta inicial de Will y Zicky al cambio de itinerario me recordó mi propia falta de fe cuando las cosas no salen como las he planeado.

Entonces, Dios me habló al corazón: "Deja de luchar contra mí y exigirme que repita el pasado, lo conocido. Confía en mí para llevarte a lo desconocido, porque yo sé qué es lo mejor".

> Querido Dios, acércate a quienes nos cuesta trabajo confiar en ti con todo nuestro corazón. Ayúdanos a no depender de nuestro propio entendimiento. Haz que te reconozcamos y te declaremos nuestro Dios, Rey y Creador generoso y misericordioso. Endereza nuestros caminos mientras nos sometemos a que se haga tu voluntad en nuestras vidas. Danos la gracia de confiar en ti en lo desconocido, porque tú sabes qué es lo mejor.
>
> Te lo pido, en el precioso nombre de Jesús.
> Amén.

DÍA 5

Lo especial requiere más tiempo

"Quédense quietos, reconozcan que yo soy Dios".
(Salmos 46:10)

MI HIJA ME pidió ayuda para hacerle una manta a su hermanito. Cuando estábamos dándole los toques finales, él se despertó de su siesta. Mientras lo dejaba jugar en su cuna, comenzó a quejarse. Y a pesar de que yo le afirmaba, de manera persistente pero amorosa, que estaría allí en un instante, sus quejas se hacían cada vez más fervorosas y su tono aumentaba. Entonces, el Señor me habló al corazón: "Él es como tú, lloras impacientemente como una niña mientras yo estoy creando algo mejor y más hermoso de lo que jamás podrás pedir o imaginar. Recuerda: lo especial requiere más tiempo".

Lo especial requiere más tiempo

Llena de convicción, negué con la cabeza y sonreí. *"De tal madre, tal hijo"*, pensé. Más tarde, mientras veía a mi pequeño disfrutar de su manta favorita hecha por su hermana, el Señor me recordó suavemente lo impaciente que soy con las peticiones de mis oraciones. Así, al saber que el tiempo de Dios es perfecto y que no podemos apresurar su proceso, finalmente tuve paz y descansé. Necesitaba entender que debía disfrutar de aquel tiempo de espera para que los regalos de Dios se manifestaran en mi vida.

> Querido Señor, acércate a aquellos que están exasperados en esta época de expectativa. Ayúdanos a permanecer quietos y a recordar que tú eres Dios, y que nosotros no lo somos. Bendícenos con fe para esperar el momento perfecto, mientras orquestas nuestra bendición divina. Permítenos descansar en tu magnificencia y trascendencia.
>
> Te lo pido, en el precioso nombre de Jesús.
> Amén

DÍA 6

¿Anularías mi juicio?

> Lo que soportan es para su disciplina, pues Dios los está tratando como a hijos. ¿Qué hijo hay a quien el padre no disciplina? Ciertamente, ninguna disciplina, en el momento de recibirla, parece agradable, sino más bien penosa; sin embargo, después produce una cosecha de justicia y paz para quienes han sido entrenados por ella.
>
> (Hebreos 12: 7, 11)

VI LA OSCURIDAD de la maldad deslizarse sobre un ser querido como un velo espeso que sofocaba su luz de fe tenuemente parpadeante. Esa persona había recibido una lección de disciplina humillante, pero transformadora, por parte de Dios. Yo había orado para que este evento traumático lo acercara de nuevo a Él. Pero, desafortunadamente, su corazón parecía endurecerse con cada oración y cada día de ayuno.

¿Anularías mi juicio?

Clamé a Dios con la esperanza de que esta fuera la última acción disciplinaria. Le supliqué que se hiciera su voluntad, y no la mía.

Su voz tranquila me sorprendió diciendo: "¿Anularías mi juicio?".

Quedé sin palabras.

Dios continuó: "¿Interrumpirías a un padre terrenal que está disciplinando a su hijo?".

Agaché la cabeza mientras me brotaban lágrimas.

Y Él prosiguió: "¿Entonces, por qué me estás pidiendo que acorte el mismo proceso y las consecuencias que lo llevarán al arrepentimiento total?".

Al recordar que mi Dios selecciona a mano nuestras pruebas de fe con amor y misericordia, experimenté un sentido sobrenatural de esperanza para mi ser querido y para mí. Porque Dios nunca nos dejará ni nos abandonará, a pesar de nuestra situación.

Aguas profundas: *¡Levanta tu mirada!*

> Querido Señor, ayúdanos a los que estamos teniendo dificultades con la disciplina que nos impartes. Porque nos estás tratando como hijos queridos y preciosos, y tú solo corriges a los que amas. Deja que se caigan las escamas de nuestros ojos para que podamos ver tu mano obrando. Produce frutos asombrosos en nosotros por medio de tus pruebas misericordiosas. Levanta nuestra mirada hacia ti, Padre nuestro eterno. Llénanos de tu Espíritu, acércanos a ti y consuélanos.
>
> Te lo pido, en el precioso nombre de Jesús.
> Amén.

DÍA 7

Espera hasta que esté terminado

"Daré de beber a los sedientos y saciaré a los que estén agotados".

(Jeremías 31:25)

DURANTE AÑOS, LE había estado pidiendo lo mismo a Dios por un ser querido en mis oraciones. Agotada de llevarle la petición a mi Dios amoroso repetidamente, me desplomé al piso y comencé a llorar. Cuanto más oraba y ayunaba, menos cambiaba la situación.

Preguntándome si Dios me escuchaba, le pedí una confirmación tangible, algo para avivar las llamas de mi fe, y así no renunciar a mi esperanza.

El Señor me mostró una imagen de un pastel horneándose y me dijo: "Así como no puedes sacar un pastel antes de que esté terminado, no puedes apresurar el proceso en los corazones de la gente. Debes esperar hasta que mi trabajo haya terminado, sin importar cuánto tarde. No necesito que hagas nada. Confía en mí".

Suspiré. Dios me había revelado tres verdades para consolarme: Dios me escuchó, su tiempo es perfecto y Él es digno de mi confianza.

> Querido Dios, renueva la fe de quienes estamos cansados y desalentados con nuestras oraciones aparentemente sin respuesta. Danos la fuerza para llevar nuestras peticiones a tu altar sin esperar una respuesta. Haz que te alabemos en su lugar. Bendícenos con el don de la gratitud y la paciencia, ya que tú no desperdicias una lágrima, un momento de sufrimiento ni una oración.
>
> Te lo pido, en el precioso nombre de Jesús.
> Amén.

DÍA 8

Veo lo que se avecina

¿Acaso no lo sabes? ¿Acaso no te has enterado? El Señor es el Dios eterno, creador de los confines de la tierra. No se cansa ni se fatiga, y su inteligencia es insondable. Él fortalece al cansado y acrecienta las fuerzas del débil. Aun los jóvenes se cansan, se fatigan, y los muchachos tropiezan y caen, pero los que confían en el Señor renovarán sus fuerzas; volarán como las águilas: correrán y no se fatigarán, caminarán y no se cansarán. (Isaías 40:28-31)

MI HIJO Y yo íbamos en bicicleta a la escuela. Hacía poco le habíamos quitado las ruedas de seguridad a la suya, y él montaba como un marinero borracho: inestable, errático y cantando todo el camino. Acabábamos de sobrevivir a un huracán mortal, y la carretera estaba llena de ramas grandes, de pilas enormes de hojas y de frondas de palma. Mirando el camino un poco delante de él, yo le daba instrucciones para que esquivara los autos estacionados, las ramas de los árboles caídos y las personas que paseaban a sus perros.

En un punto del recorrido, él decidió ignorar mis instrucciones. Como resultado, se estrelló contra un montículo, del tamaño de un automóvil, de ramas puntiagudas y hojas podridas. El follaje voló por los aires, los camaleones se dispersaron, y se incrustaron tantos palos en su bicicleta que tuvimos que parar para sacarlos. Mientras los sacábamos, le hablé con voz suave:

"Cariño, ¿confías en mí?".

Él me miró con unos enormes ojos tristes y me dijo: "Sí, mamá".

"Vi el enorme montón de hojas y ramas delante de ti y traté de advertirte. ¿Crees que es prudente no escucharme?", le dije.

Hubo silencio.

De nuevo, pero con más ternura, le repetí: "¿Confías en mí?".

Él asintió con la cabeza, y me dijo: "Lo siento, mami. Te escucharé la próxima vez".

Luego sacó una ramita pegajosa de su casco y, sonriendo avergonzado, me dio un abrazo apretado.

"Me alegra, porque Dios hace lo mismo por nosotros", le respondí. "Él ve lo que se avecina y usa el Espíritu Santo y las Escrituras para advertirnos. Nuestro trabajo es escuchar y obedecer. Yo también tengo dificultades con esto. Oremos por la gracia de Dios para confiar en Él, incluso cuando creemos saberlo todo".

Después de orar, el Señor me habló al corazón: "Veo lo que se avecina y lo que está enfrente de ti. ¿Confías en mí?".

Convencida de que mis acciones no siempre demuestran que confío completamente en Dios, sacudí mi cabeza asombrada de su omnisciencia y su trascendencia. Me alegra que Dios (y no yo) haya creado los cielos, la Tierra y todo lo que hay en ella. Y estoy agradecida de que Él sea fiel, incluso cuando yo no lo soy.

> Querido Señor, acércate a aquellos que estamos cansados y somos débiles de corazón. Aumenta nuestra fuerza en ti para que podamos sacar nuestras alas como las águilas y elevarnos, a pesar de lo que esté enfrente de nosotros, sea visible o invisible. Consuélanos en nuestra aflicción, con la certeza de que nos amas, incluso si nos impacientamos. Recuérdanos que si viéramos lo que ves y supiéramos lo que sabes, no cambiaríamos nada. Ayúdanos a obedecerte con alegría.
>
> Te lo pido, en el precioso nombre de Jesús.
> Amén.

DÍA 9

Necesitas esperar con fe

Ahora bien, sabemos que Dios dispone todas las cosas para el bien de quienes lo aman, los que han sido llamados de acuerdo con su propósito.

(Romanos 8:28)

MIENTRAS CORRÍA, ORABA por la gracia de resistir a medida que mi dolor físico comenzaba a eclipsar mi sufrimiento espiritual. Pero mi situación se mantuvo, y Dios parecía distante y poco comunicativo, a pesar de la cantidad y el fervor de mis oraciones. Con el corazón lleno de tristeza, levanté la mirada hacia los cielos, de donde viene mi ayuda. Allí, en el cielo azul brillante, vi un avión gigante reluciente, que daba la impresión de estar suspendido en el aire.

El Señor me habló al corazón de nuevo: "¿Ves ese avión? Desde tu perspectiva, parece que no se estuviera moviendo, pero, en realidad, sí está avanzando. El hecho de que algo parezca no moverse no significa que no esté avanzando. Tienes que esperar con fe y confiar en mí".

Por curiosidad, busqué la velocidad de los jumbo jets. ¡Viajan a velocidades de más de 550 millas por hora! Desde mi punto de vista, el avión parecía detenido. Así, convencida de que mi punto de vista es defectuoso y de que necesito enfocarme en mi Dios amoroso, omnisciente y soberano -que dispone todas las cosas para mi bien y su gloria, a pesar de lo que aparece en lo natural-, oré por el perdón de mi incredulidad.

> Querido Dios, danos consuelo y bendícenos. Confírmanos en lo natural que estás haciendo todo para nuestro bien y tu gloria. Ayúdanos a quienes estamos cansados y vemos solo la ausencia de frutos en nuestras vidas. Levanta nuestra mirada. Mantennos enfocados en ti, no en la situación. Llénanos con tu Espíritu Santo.
>
> Te lo pido, en el precioso nombre de Jesús.
> Amén.

DÍA 10

No deseo fervor sin piedad

Si hablo en lenguas humanas y angelicales, pero no tengo amor, no soy más que un metal que resuena o un platillo que hace ruido.

(1 Corintios 13:1)

INCRÉDULA, PARPADEÉ DE nuevo. Pero, contrario a lo que yo deseaba, la situación no desapareció; permaneció como una hoja mojada en un parabrisas durante un día lluvioso. Aturdidos, oramos por aquellos miembros de la iglesia que acababan de pecar contra nosotros. Oramos por sabiduría, discernimiento y por la voluntad de Dios.

Luego de esa reunión, entrelacé mis dedos con los de mi esposo y lo miré; él es, después de Cristo, mi amor inquebrantable. Le dije: "Ahora está en manos de Dios". Él simplemente asintió con la cabeza.

No deseo fervor sin piedad

Algunos lo llaman 'fuego amigo'. Fanatismo sin amor por la Palabra de Dios. Fervor sin piedad. Pasión sin Cristo en el centro.

Me tomó semanas procesar el pecado de ese día, era como el eco de un gong. El efecto dominó fue más grande de lo que esperaba, y muchos amigos desaparecieron sin decir palabra. En una de mis salidas a correr, clamé al Señor, tratando de darle sentido a todo.

Firmemente, y con certeza, Él me habló al corazón: "No deseo fervor sin piedad".

Las lágrimas me resbalaron por las mejillas. Asintiendo con la cabeza, oré por todos los involucrados.

> Querido Dios, oro por aquellos a quienes la iglesia ha herido profundamente, por aquellos a quienes la metralla del 'fuego amigo' ha desgarrado y han experimentado el dolor abrasador de la traición de otros creyentes.
> Ayúdanos a perdonar y a no echarle en cara este pecado a toda la iglesia, sino, por el contrario, a ponerlo al pie de tu cruz.
>
> Te lo pido, en el precioso nombre de Jesús.
> Amén.

DÍA 11

No hay progreso sin dolor

Y no solo en esto, sino también en nuestros sufrimientos, porque sabemos que el sufrimiento produce perseverancia; la perseverancia, entereza de carácter; la entereza de carácter, esperanza. Y esta esperanza no nos defrauda, porque Dios ha derramado su amor en nuestro corazón por el Espíritu Santo que nos ha dado.

(Romanos 5:3-5)

"¿Es en serio? ¡Esto está muy difícil!", se quejaron mis estudiantes universitarios luego de que yo revisara los requisitos para su proyecto grupal final. Me comentaron que ellos estaban acostumbrados a hacer las cosas con mayor facilidad y que yo había hecho que esta clase de mercadeo superior les resultara muy difícil.

No hay progreso sin dolor

Sonriendo, dejé que se lamentaran. Luego, con suavidad, pero con firmeza, les expliqué que ese era mi trabajo. Les dije que, como aspirante a maratonista, entendía su situación.

Un día, después de terminar una carrera de veinte millas, mi entrenador (mi marido), que había corrido siete maratones, me dijo que era hora de empezar a entrenar cuesta arriba para aumentar mi velocidad. Le respondí que me gustaba mi ritmo y que no necesitaba su ayuda. Después de pensarlo mejor, tomé la decisión de escuchar a alguien que había hecho lo que yo quería hacer. Por lo tanto, completé diez millas de entrenamiento doloroso en la colina.

Mientras entrenaba, el Señor me habló al corazón: "No hay progreso sin dolor".

Les describí que, aunque sabía que el ardor en mis piernas se debía a que mis músculos estaban desgarrándose, sanándose y volviéndose más fuertes y rápidos, eso no facilitaba el proceso. Tenemos que perseverar en medio de nuestro dolor para crecer. Por desgracia, la misma agonía que despreciamos produce la mayor cosecha de frutos en nuestras vidas. Algunos de mis alumnos asintieron, otros fueron indiferentes. Yo sonreí.

Aguas profundas: *¡Levanta tu mirada!*

Querido Señor, perdónanos cuando nos quejamos por ponernos a prueba mientras desarrollas la resistencia, el carácter y la esperanza en ti. Durante nuestras pruebas de fe, derrama tu Espíritu Santo en nuestros corazones y recuérdanos la abundante cosecha de dulces frutos que solo se obtienen a través del sufrimiento. Bendícenos con una completa confianza y obediencia a ti, a pesar de nuestra angustia.

Te lo pido, en el precioso nombre de Jesús. Amén.

DÍA 12

Te estoy preparando para algo más grande

"Porque yo sé muy bien los planes que tengo para ustedes", afirma el Señor , "planes de bienestar y no de calamidad, a fin de darles un futuro y una esperanza".

(Jeremías 29:11)

CADA PIERNA PARECÍA pesar más de 100 libras. Las articulaciones de la cadera, la rodilla y el tobillo gritaban de dolor. Con los ojos desorbitados y agotada, levanté la mirada. Este régimen de entrenamiento de maratón, especialmente la parte del entrenamiento cuesta arriba, causaba estragos en mi cuerpo de mediana edad. Mientras oraba por un respiro, unas gotas grandes de agua me salpicaron la cara. El viento y la lluvia parecían aumentar a medida que subía y bajaba una colina pronunciada.

Aguas profundas: *¡Levanta tu mirada!*

El tono de mis oraciones aumentó. Como si Dios hubiera escuchado mis súplicas por primera vez, me habló al corazón: "Te estoy preparando para algo más grande. Sigue adelante".

"¿En serio?", resoplé entre mi respiración regulada, mientras el viento en contra aumentaba. Sentí que no avanzaba nada, a medida que mis tenis golpeaban con desánimo el asfalto mojado. Ya había vivido días de entrenamiento duros, pero este me tentaba a dejar de correr.

Cuando finalmente llegué a casa, con la ropa de entrenamiento fría, empapada y adherida al cuerpo, mi esposo me preguntó levantando una ceja: "¿Cómo te fue en la carrera de hoy?".

Gruñí, y lo miré fijamente, mientras tiraba uno de los tenis empapados a un rincón.

Un mes después, durante mi maratón, Dios me recordó las mismas palabras que me había dicho ese día. Las temperaturas bajo cero, combinadas con vientos de 30 millas por hora, para mi primer maratón en Orlando, Florida, hacían que correr fuera difícil, por no decir insoportable. La ruta serpenteaba a través de todos los parques de Walt Disney World y, sorprendentemente, en la milla 21, el recorrido revelaba una pendiente pronunciada: un enorme puente elevado que atravesaba una autopista de ocho carriles. Sin embargo, la pendiente de esta colina no era tan precipitada como las interminables montañas en las que solía entrenar. Así las cosas, como ya había practicado en entornos y terrenos más duros, esta parte del maratón prácticamente no la sentí. Pasé fácilmente a todos los demás corredores, quienes ahora caminaban.

Entonces, el Señor volvió a hablarme al corazón: "Esto es para lo que te he preparado".

Sonreí, mientras llegaba a la cima de la colina. Le di las gracias por *no* haber respondido a mis oraciones ese día y no haberme aliviado de las inclemencias del tiempo. Me consoló saber que Dios no desperdicia ninguna de nuestras dificultades. Y, a veces, esa es la razón por la que pasamos momentos de sufrimiento: Él nos está preparado para algo más grande.

> Querido Señor, bendícenos, guárdanos y
> continúa siendo bondadoso con nosotros.
> Haz que tu rostro brille sobre nosotros
> mientras afrontamos los retos de nuestro
> propio maratón espiritual, porque nos estás
> preparando para algo más sorprendente.
> Permite que la gracia y la paz reinen en nuestros
> corazones si la respuesta a nuestra oración
> es un gentil: "No, esta vez no, amado mío".
>
> Te lo pido, en el precioso nombre de Jesús,
> Amén.

DÍA 13

Una mirada nueva

El Señor está cerca de los quebrantados de corazón, y salva a los de espíritu abatido.

(Salmos 34:18)

LUEGO DE TERMINAR de correr un trayecto de una milla y media, oí al Señor decir: "Ahora quiero que te des la vuelta y corras por donde has venido".

Me sentí confundida y dudé. Siempre había tratado de planear mi ruta para no correr por el mismo camino. El contraste visual me distraía de la dolencia de la carrera. Refunfuñando, obedecí.

Maravillada por los majestuosos colores de las flores y los árboles gracias a la contraluz del sol, aumenté mi ritmo. Incluso vi nueva flora y fauna que no había visto en mi primera vuelta alrededor del lago. Esta dirección parecía incluso más fácil de correr, como si ya hubiera recortado un amplio camino de fe del que ahora podría cosechar los beneficios.

Una mirada nueva

Entonces, el Señor volvió a hablarme: "Es importante ver de dónde y de qué vienes, con una mirada nueva que no esté contaminada por el desánimo o la agonía".

A veces, incluso la idea de volver al dolor es abrumadora. Aunque, desde la dirección opuesta, ese recorrido obediente también puede inyectarnos una infusión fresca de fe al ver la fidelidad de Dios a través de una perspectiva diferente, casi eterna.

> Querido Señor, acércate a aquellos que tienen el espíritu destrozado y que estás llamando a través del dolor. Danos la gracia de obedecer y de tener una mirada nueva para ver el increíble fruto que has producido y seguirás produciendo en nosotros y a través nuestro. Permítenos respirar con alivio, sabiendo que siempre estás cerca de nosotros trabajando, a pesar de lo que vemos a nuestro alrededor, es decir, en lo tangible.
>
> Te lo pido, en el precioso nombre de Jesús.
> Amén.

DÍA 14

Belleza a partir de la aridez

Oh, Dios, tú eres mi Dios; yo te busco intensamente. Mi alma tiene sed de ti; todo mi ser te anhela, cual tierra seca, extenuada y sedienta.

(Salmos 63:1)

ME LIMPIÉ EL sudor urticante de los ojos con el dorso de la mano. El sol ardiente me quemaba la cabeza y la espalda. El aire húmedo dificultaba la respiración. Gruñí. Cada semana aumentaba mi meta de millas recorridas, preparando mi cuerpo adolorido para un nuevo maratón.

Agotada física y espiritualmente, parpadeé y dirigí la mirada hacia abajo, a un cactus con forma de banquillo que crecía en la parte superior de un parche de arena árida. Me detuve, no por la anormalidad de una planta espinosa que crecía en medio del desierto, sino por la vibrante y hermosa flor en su cenit. Asombrada por el hecho de ver esta flor en medio de tanto vacío, examiné la anomalía desde todos los ángulos, ignorando el calor abrasador.

Sonreí, mientras el Señor me hablaba tiernamente al corazón: "Así es, puedo crear belleza incluso a partir de la aridez".

Asintiendo con la cabeza, y asombrada por Él, sonreí. A lo largo de mi entrenamiento, había estado orando por la gracia de soportar una prueba personal y desafiante de fe. Me sentía tan vacía como el desierto por el que corría. Aquella flor roja de cactus me recordó a Jesús como un sorbo de agua viva de la fuente de la vida. Me confirmó que, incluso en medio de una época de sufrimiento, Dios sigue en el trono, es fiel y puede crear en mí un precioso fruto vivificante… a pesar de mi cansancio.

> Querido Señor, te pido por aquellos que estamos en una tierra árida y cansada, y cuyas almas anhelan tus aguas vivas. Confírmanos en lo tangible que esta época de sufrimiento no es en vano. Utiliza este tiempo, aparentemente infértil, para el bien, y haz que florezcan dulces frutos en nuestras vidas. Derrama tu gracia, tu amor y tu paz en nuestros corazones.
>
> Te lo pido, en el precioso nombre de Jesús.
> Amén.

DÍA 15

Puedo incluso revivir a los muertos

"Yo soy el Señor, Dios de toda la humanidad. ¿Hay algo imposible para mí?"

(Jeremías 32:27)

DE NUEVO, NO vi ningún cambio, así que me rendí. *"Tal vez la respuesta del Señor a mis oraciones sea un 'no'"*, pensé mientras me ponía de pie, sabiendo en mi corazón que debía ser paciente.

Al dejar mi pose de oración, miré hacia abajo y vi una pequeña planta brotando de una semilla muerta de aguacate que había puesto en la tierra unas semanas atrás. Aunque tenía que esperar hasta que la semilla diera un brote alto y verde antes de plantarla, la había metido prematuramente en una maceta llena de tierra, debido a mi apretada agenda de viajes.

Semanas más tarde, cada vez que pasaba por la maceta que albergaba la semilla sin vida, recordaba que debía sacarla y tirarla. Pero parecía que Dios tenía otros planes para ella y para mi fe. ¡Ahora, esta semilla floreciente, del tamaño de una pelota de béisbol, a la que no había regado en varias semanas, desafiaba a la ciencia!

"¿No hay que mantener estas semillas medio sumergidas en agua hasta que broten?", me pregunté.

De nuevo, el Señor me habló al corazón: "Mira, puedo incluso revivir a los muertos. No pierdas la fe".

Sonriendo al ver cómo Dios seguía asombrándome, levanté la mirada y empecé a alabarlo. Los milagros de Dios abundan, incluso en el terreno más difícil.

> Querido Dios, aumenta la fe de los que hemos perdido toda esperanza, porque tú eres el Dios de toda la creación y no hay nada imposible para ti. Danos ojos para ver tu mano en acción, a pesar de cómo percibimos las cosas a nuestro alrededor. Respira sobre nosotros, bendícenos y danos tu paz.
>
> Te lo pido, en el precioso nombre de Jesús.
> Amén.

DÍA 16

¿Acaso no soy soberano?

"Dichosos los perseguidos por causa de la justicia, porque el reino de los cielos les pertenece".

(Mateo 5:10)

RECIBÍ OTRO TORTUOSO mensaje de voz, seguido de un mensaje de texto y un correo electrónico, además de una citación judicial. No podía entender por qué un Dios amoroso permitía que tanta maldad impregnara nuestras vidas.

"¿Por qué no haces algo?", le supliqué a mi Creador. "Estoy cansada de que me persigan". Con los hombros caídos y los ojos llenos de lágrimas, me quejé: "Dios, cuanto más bendigo a esta persona, le respondo con bondad y la perdono repetidamente, más difícil se vuelve".

Sus palabras me atravesaron el corazón: "¿Por qué te enfadas, amada mía? ¿Acaso no soy soberano? ¿No controlo los corazones de los hombres?".

Agaché la cabeza, mientras Él continuaba: "No dirijas la ira de tu corazón hacia esta persona, *más bien dirígela hacia mí*. Yo SOY soberano. Estoy permitiendo que esto te ocurra en este momento dado para que te parezcas más a mi Hijo. ¿Confías en mí?".

Cerré los ojos y me arrepentí de mi ira e incredulidad. Una actitud diferente afloró en mi corazón; tenía paz. La situación no cambió, pero, en su lugar, Dios me cambió a mí.

> Querido Señor, acércate a tus hijos que son perseguidos. Ayúdanos a dejar a un lado nuestra ira y cambia nuestro corazón por uno de amor. Dirige nuestra mirada a ti, que eres el único que nos consuela. Permítenos disfrutar de la alegría y las bendiciones de ser uno de tus hijos amados. Exhala y danos tu paz.
>
> Te lo pido, en el precioso nombre de Jesús.
> Amén.

DÍA 17

La simplicidad de una fe infantil

A las montañas levanto mis ojos; ¿de dónde ha de venir mi ayuda? Mi ayuda proviene del Señor, creador del cielo y de la tierra. El señor te protegerá; de todo mal protegerá tu vida.
(Salmos 121: 1-2,7)

Un día de verano, mientras la brisa del océano en el aire y la arena acariciaban sus pies, mi hijo de cinco años decidió buscar un nuevo amigo. Luego de recorrer la playa y de dejar de lado a otros niños más cercanos a su edad, altura y desarrollo, eligió a un niño de carácter dulce y apacible, que hablaba en tonos agudos y erráticos.

Mi hijo entabló una rápida amistad con este chico, que parecía estar en algún punto del espectro autista. Pronto, ambos estaban construyendo castillos de arena en la orilla

La simplicidad de una fe infantil

llena de espuma. El miedo a las estruendosas olas los hacía correr hacia nosotros, sus padres, y nos apretaban las manos, mientras el océano se estrellaba contra ellos.

Mi hijo gritaba emocionado con cada ola, pero la reacción de su amigo me sorprendió. Antes de que llegaran las olas, juntaba las manos, cerraba los ojos e inclinaba la cabeza hacia arriba. No se dejaba arrastrar por la corriente; se mantenía firme.

Sentí un pequeño tirón en mi corazón cuando el Señor me dijo: "¿Ves a ese niño? ¿Ves la belleza y la sencillez de su fe infantil?".

Le pregunté al niño: "¿Qué haces cuando vienen las olas?". Él me respondió en un tono más alto de lo normal: "Oro para que no me derriben".

Entonces pensé: "*Ojalá esa pudiera ser mi reacción cuando experimento una prueba: orar, cerrar los ojos y confiar en Dios. Podría asumir la actitud de este niño: relajada, llena de fe y sin intentar resistir las olas con mis propias fuerzas*".

Aguas profundas: *¡Levanta tu mirada!*

> Querido Señor, ayúdanos a los que no nos damos cuenta de que nos preparamos para las pruebas con nuestras propias fuerzas. Permítenos levantar la mirada hacia el lugar de donde proviene nuestra ayuda y líbranos de todo mal. Acércate a nosotros. Haz que oremos primero y que luego actuemos con amorosa sumisión a ti, nuestro maravilloso Dios, que sostiene todas las cosas. Calma nuestros corazones durante las tormentas.
>
> Te lo pido, en el precioso nombre de Jesús. Amén.

DÍA 18

Te cubro con las alas de mis ángeles

> Pues te cubrirá con sus plumas y bajo sus alas hallarás refugio. ¡Su verdad será tu escudo y tu baluarte! Porque él ordenará que sus ángeles te cuiden en todos tus caminos.
> (Salmos 91:4,11)

LAS NUBES PARECÍAN unas enormes alas de ángel y, sin importar cuán lejos mirara, estaban encima de mí. Había corrido más de veinte millas, y aquellos copos blancos y suaves seguían cubriéndome. Me sentía sobrecogida cada vez que miraba hacia arriba y veía esas nubes como alas de ángel protegiéndome.

En medio de mi asombro por el dramático paisaje del cielo, el Señor me habló: "Yo, y solo yo, te cubro con las alas de mis ángeles. Estás protegida. No hay ningún lugar al que puedas ir que esté fuera de mi alcance".

Aguas profundas: *¡Levanta tu mirada!*

Suspirando de alivio, sonreí. Como los ángeles aparecen en la Biblia varias veces como hombres (Génesis 18:1-5; 19:1-3; y Jueces 13:9-21), siempre había proyectado en ellos nuestra estatura humana. Pero ¿y si su forma real es mucho más grande? ¿Y si estas enormes criaturas que nos vigilan extienden sus alas a lo largo de millas, pero Dios hace que se nos aparezcan en un tamaño similar al nuestro para que no nos aterroricen?

En cualquier caso, sentí un gran consuelo al saber que la cobertura de nuestro Dios es infinita.

> Querido Señor, a los que estamos leyendo esto confírmanos en carne y hueso que nos amas y nos cubres completamente con las alas de tus ángeles. Danos tu paz, ya que tú eres nuestro escudo. Danos refugio y consuelo. Guárdanos con tus ángeles, nuestro Señor, Rey y Salvador.
>
> Te lo pido, en el precioso nombre de Jesús.
> Amén.

DÍA 19

Tu enemigo está condenado a comer polvo

> Dios el Señor dijo entonces a la serpiente: "Por causa de lo que has hecho, ¡maldita serás entre todos los animales, tanto domésticos como salvajes! Te arrastrarás sobre tu vientre, y comerás polvo todos los días de tu vida".
>
> (Génesis 3:14)

¿SATANÁS HA SIDO maldecido? Al reflexionar sobre este fragmento de las Escrituras me di cuenta de que esta es una de las razones por las que nuestro enemigo odia tanto a la humanidad. Después de que nuestro adversario tentara a Adán y Eva a consumir el fruto prohibido, Dios condenó a Satanás a comer los restos del hombre todos los días de su vida.

El Señor me habló al corazón: "Es aquí donde tu enemigo fue condenado a comer polvo, el mismo excremento que se desprende del hombre".

Aguas profundas: *¡Levanta tu mirada!*

Qué humillante para Lucifer, el glorioso ángel de la luz, verse ahora *obligado a comerse nuestro polvo* y a tener la misma dieta que un ácaro. Esto también me llevó a comprender que nuestro oponente, el padre de la mentira, no es igual a nuestro Dios. Satanás no es más que un ángel caído y, por tanto, está sometido a la autoridad de Dios (Job 1:6; 2:1). Nuestro adversario no tiene más poder que el que le permite el gran YO SOY. No es rival para Dios, y puesto que somos herederos del Rey con Cristo, no debemos temer a nuestro enemigo, a sus fuerzas demoníacas ni a sus tácticas triviales.

> Querido Dios, acércate a los que le están creyendo al padre de todas las mentiras. Ayúdanos a recordar que él es nuestro enemigo y vive bajo tu maldición. Haz que nos centremos únicamente en ti, nuestro Creador, Redentor y Salvador, y no en un ángel caído condenado a comerse nuestro polvo. Tú y solo tú has satisfecho nuestra mayor necesidad: la salvación.
>
> Te lo pido, en el precioso nombre de Jesús.
> Amén.

DÍA 20

La victoria ya es mía

Practiquen el dominio propio y manténganse alerta. Su enemigo el diablo ronda como león rugiente, buscando a quién devorar.

(1 Pedro 5:8)

VI A NUESTRO enemigo en un sueño. Saltaba de una roca flotante en llamas a otra, tratando desesperadamente de escapar de su destino eterno de agonía en el lago de fuego. Todo lo que lo rodeaba ardía, mientras el fuego inextinguible le lamía los pies.

Desde mi punto de vista, con su ardiente destino eterno sellado y su condena inminente, la mayor parte de su energía parecía consumirse en mantenerse a flote y lejos de las llamas. Sus esfuerzos por atacar a la humanidad se volvían más extremos, e incluso descuidados, ya que eran fácilmente discernidos por cristianos experimentados y empapados en la Palabra de Dios.

Después de despertar, de orar y reflexionar acerca de este sueño, el Señor me habló al corazón: "La victoria ya es mía. Mantente alerta. Ora fervientemente. Confía en mí. Yo me encargo de esto".

> Querido Señor, acércate a los que el enemigo tiene en su mira, bendícenos y envuélvenos. Derrama tu Espíritu Santo sobre nosotros. Rodéanos, protégenos, exhala sobre nosotros para que Satanás ya no pueda tolerar la dulce fragancia de la redención que emana de tu Espíritu en nosotros.
>
> Te lo pido, en el precioso nombre de Jesús.
> Amén.

DÍA 21

Estás cubierto por mi sangre

> Así que, hermanos, mediante la sangre de Jesús, tenemos plena libertad para entrar en el Lugar Santísimo, por el camino nuevo y vivo que él nos ha abierto a través de la cortina, es decir, a través de su cuerpo; y tenemos además un gran sacerdote al frente de la familia de Dios. Acerquémonos, pues, a Dios con corazón sincero y con la plena seguridad que da la fe, interiormente purificados de una conciencia culpable y exteriormente lavados con agua pura.
>
> (Hebreos 10:19-22)

TUVE UNA PESADILLA en la que descendía por un ascensor frío y oscuro. Las puertas se abrían y llegaba a un lugar sombrío y angustioso. La presencia del mal me dejaba abrumada; podía sentirla, probarla y olerla.

Luego, oía la voz más malévola y enfermiza que jamás hubiera oído: "¿Así que quieres saber mi nombre?".

Aterrada, retrocedía. De vuelta a la realidad, ese mismo día alguien había sugerido que nuestro sufrimiento es el resultado de una guerra espiritual y que necesitaba saber el nombre del demonio para expulsarlo. Había orado sin entusiasmo para conocer el nombre de la fuerza demoníaca que nos atormentaba.

Respirando profundamente en mi sueño, declaraba con una voz firme que no era la mía: "No necesito saber tu nombre. Tu nombre es Legión. Yo solo conozco el nombre de mi Salvador, Jesucristo. Y estoy completamente cubierta por su sangre".

Antes de terminar mi frase, mi entorno cambiaba drásticamente: ya no estaba rodeada de maldad, me encontraba en una playa blanca e inmaculada con Jesús. Asombrada por lo que acababa de ocurrir, me daba la vuelta buscando al enemigo. Pero Jesús estaba allí, sonriendo en señal de aprobación. Y le oía decir: "Estás cubierta por mi sangre. Estás a salvo. Estás salvada".

Estoy salvada por la sangre de Jesús. Eso era todo lo que necesitaba saber.

De un momento a otro, me desperté empapada en sudor. Jadeé, sintiendo que me había ahogado en aguas profundas. Salté de la cama y me puse de rodillas. Repetidamente, agradecí y alabé a Jesús por su obra completa en la cruz y por su sangre derramada sobre mí, porque me justifica, me salva y me protege de todo mal.

Querido Jesús, danos una bendición de esperanza a todos aquellos que estamos librando una batalla espiritual. Ayúdanos a confiar plenamente en el maravilloso poder de tu sangre que nos cubre. Permítenos disfrutar de la seguridad de la fe y deleitarnos con nuestra pureza de mente, cuerpo y espíritu. Ayúdanos a confiar en nuestro único y verdadero Sacerdote, mientras tomamos el escudo de la fe y la espada del Espíritu. Líbranos del mal y danos tu paz.

Te lo pido, en el precioso nombre de Jesús.
Amén.

DÍA 22

A veces derribo y empiezo de nuevo

Porque por gracia ustedes han sido salvados mediante la fe; esto no procede de ustedes, sino que es el regalo de Dios, no por obras, para que nadie se jacte. Porque somos hechura de Dios, creados en Cristo Jesús para buenas obras, las cuales Dios dispuso de antemano a fin de que las pongamos en práctica.

(Efesios 2:8-10)

"¿VES ESOS MUROS?", me preguntó el Señor mientras manejaba al frente de una elegante urbanización cerrada.

Algunas partes de la empalizada de tres metros de altura yacían en un montón de escombros. La alguna vez impenetrable barrera tenía ahora dos agujeros provocados por el huracán de la semana anterior.

A veces derribo y empiezo de nuevo

Antes de la tormenta, el considerable baluarte de ladrillo, mortero y sofisticada arquitectura parecía indestructible. Ahora, el muro se veía como si le hubieran arrancado los dos dientes delanteros, pues de estos agujeros de seis metros de ancho se desprendían montones de ladrillos de color rojo oscuro. Confundida, oré buscando entendimiento.

Entonces, el Señor me habló al corazón: "A veces derribo algo y vuelvo a empezar, incluso en el caso de los muros más resistentes".

"¿Por qué?", pregunté, pues parecía un ejercicio poco útil.

"Porque algunos defectos no se ven, y solo yo puedo verlos. Por eso, derribo muros para reconstruirlos. Luego los hago mejores, más fuertes y seguros", respondió el Señor.

Con la cabeza un poco inclinada, suspiré asintiendo: "Como nosotros".

"Así es", dijo Dios.

Pensé en todos esos muros de ladrillo que el Señor había derribado en mi vida: en los que se basaban en esfuerzo, y no en la fe; en los que creía que, si seguía perfectamente las instrucciones paso a paso, todo saldría bien y no experimentaría ninguna prueba. Por desgracia, eso nunca ocurrió. En su lugar, Dios siempre los reconstruyó fielmente y creó algo más asombroso de lo que yo podía imaginar.

Aguas profundas: *¡Levanta tu mirada!*

> Querido Dios, acércate a aquellos de nosotros en quienes estás reconstruyendo muros previamente demolidos. Haz que nos centremos en ti, nuestro gran y asombroso Dios, porque recibimos la salvación por la gracia a través de la fe. Permítenos a nosotros, tu obra, experimentar tu quietud y tu gracia, mientras vuelves a levantar lo que antes estaba destruido. Utiliza este tiempo de agitación para erigir una construcción restauradora y redentora en nuestras vidas.
>
> Te lo pido, en el precioso nombre de Jesús.
> Amén.

DÍA 23

El poder que te sostiene

> Al que puede hacer muchísimo más que todo lo que podamos imaginarnos o pedir, por el poder que obra eficazmente en nosotros, ¡a él sea la gloria en la iglesia y en Cristo Jesús por todas las generaciones, por los siglos de los siglos! Amén.
>
> (Efesios 3:20-21)

UNA CÁLIDA MAÑANA de Florida, luego de las vacaciones de invierno, mi hijo y yo nos fuimos en bicicleta hasta su escuela. Al llegar, sonreí al ver todas las bicicletas de los niños alineadas como soldados de miniatura. Los cascos de princesas y superhéroes colgaban de los manubrios, esperando pacientemente a sus conductores. Entonces, me quedé mirando una bicicleta que no coincidía con las demás. El cromo y la pintura nueva brillaban a la luz del sol; debía ser un regalo de Navidad.

Mi hijo exclamó: "¡Mamá, mira *esa* bicicleta! Quiero una de esas".

Aguas profundas: *¡Levanta tu mirada!*

Miré con más detenimiento. El manubrio tenía una palanca de cambios, un tubo de escape sustituía a la cadena, y un pequeño motor se escondía bajo su cuadro de plástico amarillo. A pesar de su tamaño y ubicación, no era una bicicleta corriente para un alumno de primaria. Mi hijo me miró con los ojos abiertos, buscando cualquier indicio de aprobación de la futura compra.

Con cuidado, sin darle esperanzas, exclamé con una sonrisa: "¡Vaya, *es* una motocicleta muy bonita! Pero será mejor que te des prisa. No querrás llegar tarde a la escuela".

Sonreí y lo abracé un momento mientras oraba por él, murmurando, en su espeso pelo ondulado marrón, bendiciones de protección, sabiduría y favor.

Él sonrió a medias y se despidió con la mano mientras se alejaba, en un intento por verse bien con los amigos que pudieran estar viéndolo.

Cuando volví a mirar la pequeña moto, oré por la seguridad del pequeño conductor. Me pregunté si el niño que la conducía entendía realmente su poder.

Entonces, Dios me habló al corazón: "¿Y tú?".

Incliné la cabeza en respuesta.

Y Dios habló de nuevo: "¿*Entiendes* el poder que te *sostiene*? Al igual que ese niño, ¿*tienes idea* de la magnitud de la soberanía incontenible y suprema a la que tienes acceso por ser mi hija? ¿Entiendes o comprendes a *tu* Dios?".

En un abrir y cerrar de ojos, imaginé el universo, las estrellas, el sol, la Tierra y todo lo que la habita.

Sintiéndome culpable, negué con la cabeza y murmuré: "No, Dios, no lo entiendo. Siento haber olvidado tan rápidamente lo grande que eres y caminar diariamente en la incredulidad".

> Querido Dios, ayúdanos a recordar, especialmente en nuestros momentos de dificultad, que eres capaz de hacer mucho más que todo lo que pedimos o imaginamos, porque estás actuando en nosotros. Revélanos más profundamente tu inmenso poder y tu amor, que nos sostiene y nos cubre, porque tú eres nuestro Dios omnipotente, omnisciente y omnipresente.
>
> Te lo pido, en el nombre de Jesús.
> Amén.

DÍA 24

A mis amados les doy descanso

En vano madrugan ustedes, y se acuestan muy tarde, para comer un pan de fatigas, porque Dios concede el sueño a sus amados.

(Salmos 127:2)

CADA NOCHE TENGO la misma visión. A veces es lo único que me permite conciliar el sueño. Una enorme mano está ante mí, y debajo hay un gran altar. Allí, dejo todas mis preocupaciones, inquietudes y peticiones de oración de ese día. Luego, me acurruco en la palma de la mano gigantesca. Cuando los dedos se cierran suavemente a mi alrededor, me rodea una paz perfecta.

Mientras toda la tensión cae de mí como el rocío de la mañana cae de las hojas de hierba verde intenso, oigo a mi Pastor hablar: "A mis amados les doy descanso".

A mis amados les doy descanso

Exhalo con una sonrisa ligera. Dios me está protegiendo de toda la locura que me que rodea, mientras me sumerjo en un dulce sueño restaurador. Mi familia y yo estamos en sus manos capaces y amorosas. No me gustaría estar en ningún otro lugar.

> Querido Señor, te pido por los que tenemos problemas para callar las preocupaciones del mundo mientras nos evade el descanso reparador. Cada noche, haz que nos acurruquemos en tu palma, depositemos nuestras preocupaciones en tu altar y recibamos el descanso, el calor, la paz y la protección de tus manos amorosas que nos sostienen. Porque tú bendices a tus amados con el descanso.
>
> Te lo pido, en el nombre de Jesús.
> Amén.

DÍA 25

La incredulidad de que Dios es bueno

Te exaltaré, mi Dios y Rey; por siempre bendeciré tu nombre.
Todos los días te bendeciré; por siempre alabaré tu nombre.
Grande es el Señor, y digno de toda alabanza; su grandeza
es insondable.

(Salmos 145:1-3)

EL FOLLAJE QUE me rodeaba parecía volverse más nítido y brillante a cada paso. El ritmo de mis pies golpeando el pavimento me recordaba que debía orar. Le pedí al Señor que me hablara, me guiara y me protegiera durante mi entrenamiento mañanero.

Como una flor abriéndose en mi corazón, el Señor me reveló: "El primer y mayor pecado de toda la humanidad es la *incredulidad de que Dios es bueno*".

La incredulidad de que Dios es bueno

Luego soltó otra joya: "Todo pecado proviene de un pecado, el pecado de la incredulidad de que YO SOY bueno. Esto incluye, pero no se limita al orgullo, la lujuria, la ira, el asesinato, el egoísmo, el pecado sexual, la envidia y la gula".

Se me reveló que este había sido el primer pecado en el jardín y una de las estrategias más antiguas y efectivas de Satanás para separar a la humanidad de Dios. Si nuestro enemigo logra que creamos que Dios no tiene lo mejor para nosotros, entonces dudamos de Dios y tratamos de obtener con nuestras propias fuerzas lo que creemos que nos hará felices.

Vamos en contra de sus mandatos, arremetemos con ira y herimos a otros porque hemos creído las mentiras del enemigo. Hemos escuchado su engaño de "cómo merecemos el placer sobre los Diez Mandamientos" o "lo restrictivas que son las leyes de Dios", aunque nuestro Señor ha trazado límites en lugares agradables para guardarnos y protegernos, como cualquier buen padre.

Qué rápido olvidamos el gran precio que se pagó por nosotros y por nuestros pecados: el sufrimiento y la muerte sacrificial de su precioso Hijo Jesús en un instrumento de tortura, una cruz romana, en una colina. Nos olvidamos de quiénes somos: hijos del Dios Supremo, herederos del trono, porque la sangre de Jesús nos cubre con su justicia y nos limpia, pues Dios solo ve la vida perfecta de Jesús abarcándonos.

Sentí que el Señor le decía a mi corazón: "YO SOY bueno, incluso en medio de tu prueba. "ESTOY haciendo todo para bien, mucho mejor de lo que podrías imaginar, todo porque YO SOY Dios. Confía en mí. Enfoca tus pensamientos en mí, no en los crecientes dolores que te ha generado esta prueba. Levanta tu mirada a tu Dios".

> Querido Señor, no nos dejes caer en los antiguos engaños de nuestro enemigo. Ayúdanos a no dudar de que eres bueno. Tú eres nuestro gran Dios. Haz brillar tu rostro sobre nosotros, oh Rey, porque eres muy digno de alabanza y bendecimos tu nombre por los siglos de los siglos. Danos tu paz.
>
> Te lo pido, en el precioso nombre de Jesús.
> Amén.

DÍA 26

Para que las serpientes puedan pasar

El Señor mismo marchará al frente de ti y estará contigo;
nunca te dejará ni te abandonará. No temas ni te desanimes.
(Deuteronomio 31:8)

UNA AMIGA Y yo caminábamos y orábamos a lo largo de un sendero tropical, pidiendo favor, salud y provisión. Le implorábamos a Dios que escuchara nuestras oraciones y las bendijera más allá de nuestros sueños. De repente, el sendero viró bruscamente a la derecha y nos sorprendió ver a un hombre, vestido con un chaleco amarillo fluorescente, haciéndonos señas de manera frenética para que nos detuviéramos.

Perpleja, pero sin inmutarse por la falta de obstáculos físicos, mi amiga siguió adelante. Por el contrario, yo me detuve. Vi la mirada en sus ojos y sentí una mano inquebrantable, pero invisible, en mi pecho. Sabía lo que significaba. No era del enemigo; más bien era de mi amoroso Abba.

Tomé a mi amiga por el brazo y la jalé hacia mí. Confundida, me miró mientras una enorme serpiente negra de dos metros se deslizaba por nuestro camino. El rocío de la hierba húmeda dejó un rastro de humedad en el cemento, justo donde ella habría puesto el pie si yo no hubiera intervenido.

El hombre finalmente habló: "Estaba tratando de advertirles sin hacer ruido. Había estado observando cómo esa serpiente bajaba por el camino y se dirigía hacia ustedes. Sabía que no podrían verla una vez que se metiera en la hierba".

Cuando la gigantesca criatura se deslizó hacia el prado, mi amiga jadeó y se agarró el pecho. Con una voz más grave que la que solía tener, exclamó: "Odio las serpientes".

Al saber que no era venenosa me relajé un poco, pero al ser hija de Eva, no recibí ningún consuelo con la interacción. Mientras caminábamos, sentí que el Señor dejaba caer delicadamente el significado del incidente en mi corazón.

"Ah, ahora entiendo", dije.

Con la respiración aún entrecortada, mi amiga respondió: "¿De qué estás hablando?".

Sonreí. "¿No es eso típico de Dios?".

Ella me miró como si hubiera perdido la cabeza.

Ignorando su mirada incrédula, elaboré: "Aquí estamos ambas orando fervientemente por nuestras peticiones de oraciones sin respuesta y, sin embargo, Dios, que es

Para que las serpientes puedan pasar

omnisciente, omnipotente y omnipresente, nos está deteniendo, igual que el obrero de la construcción que previó la serpiente, como si dijera: 'Yo veo cosas que ustedes no ven, y tienen que confiar en mí. Tengo el control, pero las detengo para que las serpientes puedan pasar. En cualquier caso, tienen que confiar en mí'".

Ella sonrió en señal de agradecimiento y comprensión.

Continué: "Dios se preocupa por nosotros lo suficiente como para evitar que avancemos, por lo que el ataque del enemigo no nos alcanza. Si viéramos y supiéramos lo que Él ve y sabe, no cambiaríamos nada". Nuestros pasos tenían un nuevo ritmo, ya que ahora alabábamos al Señor con la mano en el pecho, mientras Dios permitió que la serpiente pasara.

> Querido Señor, danos resistencia, sabiduría y fe a los que esperamos que se haga tu voluntad. Bendícenos con la gracia de levantar nuestra mirada hacia ti, el autor y perfeccionador de nuestra fe. Crece en nosotros. Sopla tu Espíritu sobre nosotros. Aleja de nosotros todo temor. Ayúdanos a recordar que tú vas delante de nosotros y que nunca nos dejarás ni nos abandonarás.
>
> Te lo pido, en el precioso nombre de Jesús.
> Amén.

DÍA 27

Mucho más de mí

> Después de haber orado, tembló el lugar en que estaban reunidos; todos fueron llenos del Espíritu Santo, y proclamaban la palabra de Dios sin temor alguno.
>
> (Hechos 4:31)

LUEGO DE ORAR por una amiga muy querida que había tenido una semana intensa, tuve una visión de un globo desinflado. El Señor me dijo: "El globo simboliza a tu amiga. Ella se siente agotada, vacía y cansada. Estoy usando esta época de *estiramiento* para hacer crecer su fe en mí. Lo hago para que pueda dar más de mí a los demás. Ahora que su capacidad se ha ampliado, puedo aumentar mi presencia en ella".

Sonreí. Este globo, antes flácido y súper estirado, estaba ahora lleno al doble de su tamaño. A medida que el Señor traía a su vida más personas que Él quería que llenara, su globo disminuía un poco cada vez que ella se entregaba con sacrificio y alegría a los demás.

Agradecida por la fidelidad del Señor, alabé a Dios por su sabiduría y por amarnos lo suficiente como para usar las pruebas para expandir nuestra fe. Servimos a un Dios maravilloso, en el que podemos confiar para que nos llene de nuevo, especialmente después de una época de *estiramiento*.

> Señor, te ruego por aquellos cuya fe está siendo llevada al límite. Ayúdanos a no desanimarnos. Danos la gracia para perseverar mientras tú creces en nosotros. Permítenos derramar más de nosotros mismos en los demás. Llénanos de tu Espíritu Santo para que podamos pronunciar con valentía tus palabras de consuelo.
>
> Te lo pido, en el precioso nombre de Jesús.
> Amén.

DÍA 28

Brillantez a partir del quebrantamiento

Su gloria cubre el cielo y su alabanza llena la tierra. Su brillantez es la del relámpago; rayos brotan de sus manos; ¡tras ellos se esconde su poder!

(Habacuc 3:3-4)

MIENTRAS ORABA POR una amiga mía, tuve una visión realmente asombrosa. Detrás de ella había una montaña de vidrios rotos, más grande que un estadio. Cuando miré más de cerca, en lugar de haber fragmentos dañinos, vi que eran vidrios templados rotos. Cegada por la brillante luminosidad de cada pieza, suspiré. Luego, protegiéndome los ojos, vi cómo cada faceta había sido cortada con perfecta precisión por el Maestro Artesano, formando un caleidoscopio de gloria.

Brillantez a partir del quebrantamiento

Entonces, me di cuenta de la fuente de luz que producía dicho resplandor. Era el Señor Dios, quien me habló al corazón: "Solo yo puedo sacar belleza y brillo de aquello que está quebrado".

Me mostró cómo había permitido que el enemigo trajera cosas horribles a su vida, como el abuso que sufrió de niña, sus matrimonios fallidos y las épocas de rebeldía, para que, por gracia y a través de su arrepentimiento, pudiera ser un faro de luz para su Salvador. Ahora la gente no la ve a ella ni a su pasado, sino que ve el esplendor inagotable de Jesucristo.

> Querido Señor, bendice a los que hemos sido golpeados por el pecado, a los que piensan que están más allá de tu gracia y esperanza. Muéstranos que lo que el enemigo intentó usar para dañarnos, tú lo usarás para nuestro bien y tu gloria. Utiliza nuestro quebrantamiento para reflejar tu brillo, de modo que nos convirtamos en un faro de esperanza para ti y tu reino.
>
> Te lo pido, en el precioso nombre de Jesús.
> Amén.

DÍA 29

Tras el velo de lo Divino

> Pero yo les digo: Amen a sus enemigos y oren por quienes los persiguen, para que sean hijos de su Padre que está en el cielo. Él hace que salga el sol sobre malos y buenos, y que llueva sobre justos e injustos. Si ustedes aman solamente a quienes los aman, ¿qué recompensa recibirán?
>
> (Mateo 5: 44-46)

NO ME QUEDABA ninguna alegría. La agonía por el pecado de otra persona desviaba toda la energía de mis acciones, así como el sol consume toda la humedad al desierto. Con el corazón roto, grité: "Señor Jesús, ¿por qué?".

Después de no escuchar ninguna respuesta, seguí orando por la persona que había pecado contra mí. Misericordiosamente, un diluvio de amor líquido del Espíritu Santo se derramó en mi corazón.

Suspiré. Sabía lo que tenía que hacer, pero no quería hacerlo.

"*Debes perdonar*", me dijo Dios. Esas dos palabras me atravesaron el corazón.

Mi carne clamaba venganza. La ira y la indignación se apoderaban de mí mientras sacudía la cabeza en una actitud desafiante. Estos pecados eran una ofensa de toda la vida, no de una sola vez. Cada vez que pensaba que Dios le cambiaría el corazón de piedra por uno de carne a esta persona, más pecadora se volvía. Oré para tener la fuerza de perdonar.

Tuve la visión de una cruz ensangrentada en una colina, con un hombre retorcido y desnudo clavado en ella. Llevaba una corona de espinas húmeda y enmarañada en la cabeza. Al acercarme, *conocí* su rostro. De sus labios brotaba sangre. Las moscas zumbaban alrededor de las vísceras secas que una vez albergaron el rostro más amoroso que la humanidad haya visto. Sus ojos llenos de sangre eran inquebrantables; aún emanaban luz.

"Padre, perdónalos, porque no saben lo que hacen", decía jadeando (Lucas 23:34).

Comencé a sollozar.

Jesús también conoció el dolor íntimo de la traición de un ser querido. Comprendió el profundo sufrimiento por los pecados de los demás, pero absorbió toda la ira de Dios por ello en la cruz.

Puesto que Jesús me perdonó todos mis pecados, ¿cómo podría yo entonces *no* perdonar? Con lágrimas en la cara, le dije: "Perdono a esta persona, porque tú me perdonaste primero".

Dios me habló de nuevo al corazón: "Ahora puedes ver tras el velo de lo Divino". Y continuó: "A partir de hoy, participas en el gran misterio. A medida que perdonas sin remordimientos, venganza y represalias, te asemejas más a Jesús y llevas su marca. Has perdonado lo imperdonable. Eres bendecida".

Deshecha, postrada en el suelo, vislumbré solo una pizca del acto sacrificial de perdón que Jesús consumó en la cruz por mí. Vi que había llegado el momento de extender ese mismo nivel de perdón a los demás. Levanté la mirada. Ahora tenía paz.

> Querido Señor, muéstranos dónde hay falta de perdón en nuestros corazones y llénanos de amor para que nuestra única respuesta sea perdonar, completamente, sin adulterar y sin remordimientos. Haz que pongamos en tu altar todas las ofensas que nos han hecho. Aleja de nosotros el dolor del pasado y su transgresión, mientras arrojamos estos pecados al mar del olvido y somos bendecidos con tu paz.
>
> Te lo pido, en el precioso nombre de Jesús.
> Amén.

DÍA 30

La espada de la ira

> De su boca sale una espada afilada, con la que herirá a las naciones. "Las gobernará con puño de hierro". Él mismo exprime uvas en el lagar del furor del castigo que viene de Dios Todopoderoso.
>
> (Apocalipsis 19:15)

TUVE UNA VISIÓN de Jesús, en toda su santidad, arrodillado ante mí. No miraba hacia arriba, su atención se centraba en el suelo que tenía al frente. Al examinar más de cerca, vi lo que estaba mirando: la inmensa espada de la ira de Dios. Se agachaba frente a Él con tanta paz y fuerza que me sorprendía. Tomaba la espada por la empuñadura y la sostenía apuntando hacia abajo, de modo que su punta tocaba el suelo.

Al instante, cegada por el brillo del metal que reflejaba su santidad, yo suspiraba. El sonido reverberante y a la vez ensordecedor, que provenía de la pureza de Dios, ahogaba cualquier otro ruido. De alguna manera, me encontraba detrás de Jesús con su multitud elegida.

Toda nuestra atención se centraba en la figura arrodillada de nuestro Señor. La espada absorbía toda la ira de Dios, protegiéndonos. Entonces ocurría lo impensable. Jesús se ponía de pie y, con manos firmes, levantaba la espada y se la tragaba entera. Aterrada de que lo destruyera, yo gritaba: "¡Nooo!". Jesús brillaba aún más con la santidad de Dios, tanto que tenía que taparme los ojos. Entonces, el Señor ascendía al cielo y arrojaba su amor, su perdón y su misericordia sobre toda la tierra.

Cuando me di cuenta de que esto era una alegoría de la cruz, el Señor me habló al corazón: "Mi Hijo se tragó la espada de mi ira por ti y por toda la humanidad. Lo que parecía ser el peor resultado posible -que Jesús ingiriera la totalidad del castigo por el pecado- fue esencial para que tuvieras la vida eterna conmigo. Sin la obediencia de mi Hijo, habrías venido a mí deseosa, con una necesidad desesperada de reconciliación. Él hizo lo que tú nunca podrías haber hecho: te absolvió de tu pecado. Por tu fe en Él, estás cubierta por la sangre de mi Hijo. Ahora, cuando te miro, veo la vida perfecta de mi Hijo imputada en ti".

Mi adoración y gratitud hacia nuestro Señor Jesucristo se amplió con un fervor más profundo, mientras lo alababa por su muerte sacrificial por todos nosotros en esa cruz.

Querido Señor, te pido por los que estamos en dificultades. Ayúdanos a ver el gran precio que se pagó por nosotros. Libéranos espiritualmente de nuestro sufrimiento. Danos una perspectiva eterna de lo que se hizo en la cruz por nosotros, para que podamos reconciliarnos contigo. Bendícenos con tu gracia para que podamos elevarnos por encima de nuestras circunstancias y tener gozo en medio de nuestra tormenta.

Te lo pido, en el precioso nombre de Jesús.
Amén.

El último sorbo

El Señor está cerca de los quebrantados de corazón, y salva a los de espíritu abatido.

(Salmos 34:18)

LA INMINENTE TORMENTA era tan fuerte que un coro de notificaciones en los teléfonos celulares empezó a sonar por todo el centro comercial. Todo el mundo miraba con nerviosismo sus dispositivos móviles. Afuera, las nubes oscuras y amenazantes, los vientos abrasadores y los cielos salpicados de relámpagos nos dieron la *bienvenida* cuando caminábamos hacia nuestro auto. Orando por nuestra seguridad, nos dirigimos a casa con cautela. El aguacero era tan fuerte que no podíamos ver las líneas amarillas que teníamos al frente.

Al mirar hacia arriba en la tempestad de nubes oscuras, oí al Señor decir: "¿Dudas de que el sol siga ahí o de que vuelva a salir?".

Asombrada, negué con la cabeza.

El último sorbo

Dios continuó: "Entonces, ¿por qué dudas de que todavía estoy contigo durante tu prueba? Mis palabras siguen siendo verdaderas. He prometido no dejarte ni abandonarte nunca, por muy grande que sea tu tormenta".

Sonreí y me arrepentí de mi temor infundado de que Dios nos abandonara durante esta prueba de fe.

Al concluir este libro y saciar tu sed de gracia, ruego que tu perspectiva haya cambiado y que tu enfoque se centre ahora únicamente en tu Dios. Espero que este devocional te haya ayudado en tu batalla por obtener gozo durante tu momento de sufrimiento, sin importar el tipo, la intensidad o la duración.

> Servimos a un gran Dios, que ni siquiera salvó
> a su propio Hijo para que te reconciliaras
> con Él; por lo tanto, no hay ningún buen
> regalo que te niegue. Le ruego a Dios que,
> al acercarse a Él, les dé a todos aquellos
> que estén agobiados y cargados su paz que
> trasciende todo entendimiento, para que
> su corazón se alivie y su mirada se eleve.
>
> En el precioso nombre de Jesús, pido que sigan
> adelante con gozo.
> Amén.

Reconocimientos

Todavía no puedo creer que nuestro gran Dios haya utilizado una vasija agrietada como yo para ser su escriba; pero, una vez más, Él logra asombrarme. Nunca habría podido escribir este libro sin esas dulces palabras de consuelo que nuestro Señor me dijo al corazón durante mis días oscuros. Gracias, Jesucristo, por salvarme. Si no te hubiera recibido como mi Salvador personal, no tendría acceso a un Dios maravilloso, que ahora me ve con su justicia, me oculta y absorbe todos mis pecados.

Con la más profunda gratitud, agradezco a mi héroe, mejor amigo y *cómplice* en las trincheras: mi esposo. Su incansable apoyo, edición y estímulo han sido inestimables. Doy gracias a Dios por haberte puesto en mi vida. A mis hijos, gracias una vez más por dejarme escribir otro libro. Ruego que su generosidad bendiga a la multitud a través de las palabras de este devocional. Gracias, Barb y Eddie, por su heroica paciencia, amor y oraciones durante este proceso.

Aguas profundas: *¡Levanta tu mirada!*

Mamá y Sam, gracias por todo el apoyo que nos han dado a mi familia y a mí. Pam Lentz, Stephanie Anderson, Kimberly Martin y Christy Distler, estoy asombrada de cómo el Señor las ha bendecido con sus increíbles habilidades gráficas y de edición. Este libro no sería lo que es hoy sin sus esfuerzos.

A los pastores de First Orlando, gracias por alimentar mi alma con su fidelidad al predicar la verdadera Palabra de Dios y por su incansable búsqueda de su santidad. A todos mis guerreros de oración, ustedes saben quiénes son (especialmente los del sistema correccional), que han orado por mí, por este libro y por mi ministerio Lift Your Gaze (www.liftyourgaze.org), ¡gracias! Aprecio profundamente sus oraciones y estoy eternamente agradecida por ellas.

A Juan Pablo Benítez y al equipo de A & P International //anpintl.com por hacer realidad este libro en español.

A Hilda Vazquez y Yeny Rowley, correctoras de estilo, y especialmente a mi amiga Elizabeth (Betty) Werner, por su incansable dedicación en la revisión de la versión final en español.

Por último, gracias, Jesús, por no dejarme ni abandonarme nunca. Gracias a tu amor firme puedo resistir las tormentas.

¡A Dios sea toda la gloria!

Sobre la autora

Kim M. Clark es una exitosa y reconocida autora -Bestseller en Amazon-, además es conferencista inspiracional, editora, capacitadora corporativa, maestra de estudio bíblico y exprofesora de Mercadeo a nivel universitario. También es la fundadora de Lift Your Gaze (www.liftyourgaze.org), una organización sin ánimo de lucro donde comparte su mensaje de esperanza a través del sistema penitenciario.

Ella y su familia viven felices en la soleada Florida, participando en actividades al aire libre y sirviendo en la iglesia local. Visite www.kimmclark.com para obtener más información o para contratar a Kim como oradora principal en su próximo evento o conferencia.

Para contenido y recursos
adicionales, por favor visite:

www.kimmclark.com

o escanee el siguiente código QR:

Una parte de los ingresos de este libro está destinada a darles esperanza a los encarcelados a través de

Lift Your Gaze, una organización 501(c)3 a través de Capstone Legacy Foundation.

Para mayor información sobre las iniciativas de Lift Your Gaze para llegar a las zonas más oscuras de nuestra sociedad o para hacer su donación deducible de impuestos, visite www.lift yourgaze.org o escanee el siguiente código QR.

¡Gracias por su apoyo!

Lift Your Gaze,
Kim M. Clark
Autora, editora & fundadora

Notas al devocional

Notas al devocional

Notas al devocional

Notas al devocional

Notas al devocional

Notas al devocional

Notas al devocional

Notas al devocional

Notas al devocional

Notas al devocional

www.ingramcontent.com/pod-product-compliance
Lightning Source LLC
Chambersburg PA
CBHW021429070526
44577CB00001B/131